Ronaldo Nasr Tabet

I0490829

DÍVIDAS ???JAMAIS!
Nunca gaste mais do que você ganha!

Dedicatória

Dedico este livro à minha esposa Ane, que sabe controlar as despesas e finanças da casa , sabendo a hora certa em que podemos gastar e tudo que é essencial no dia a dia. À minha mãe Maria, que me ensina desde quando eu era criança a controlar as finanças. Ela que foi professora de Matemática, sempre me ensinou a calcular o que é melhor na hora de comprar e de empreender.

In memorian do meu pai Caram, que era contador e me ensinou técnicas para controlar a vida financeira corretamente e não deixar as contas vencerem, pois isto acarreta juros e multa.

Introdução

Nesta obra, oriento as pessoas a não perderem o foco dos seus gastos. Você não pode gastar mais do que ganha. Bem como comprar parcelado ou com cartão de crédito sem ter a perspectiva de ter o seu dinheiro mensalmente para tal. Compre sempre à vista! Não deixe as contas vencerem, para evitar de pagar juros e multas! Não compre sem necessidade! Procure sempre incrementar os seus rendimentos, juntando dinheiro e aumentando o seu patrimônio. Economize o que você puder, pois isto te ajudará a aumentar o padrão de sua vida. Espero que tire proveito desta obra e possa dizer ao final dela, que irá seguir passo a passo as sugestões apresentadas aqui, para que amanhã, num futuro próximo, você não seja uma pessoa endividada, mas sim uma pessoa bem sucedida! Boa sorte e boa leitura, você chegará lá! Tenha perseverança!

Abraços do autor

Ronaldo Nasr Tabet

O que é se endividar? 1. Obrigar a contrair dívidas; empenhar; obrigar a reconhecimento; penhorar. 2. Encher-se de dívidas; contrair obrigações (por favores recebidos).

Significado   de   **Endividar:**

verbo pronominal começar a possuir deveres e/**ou** obrigações; ficar obrigado a: **endividou-**se com o marido pelos excessivos presentes oferecidos. Etimologia (origem da palavra **endividar**). En + dívida + a

Como saber se você está endividado?

A maneira mais eficiente de **saber se** existe alguma dívida no seu nome é consultar o seu CPF pela Serasa.

Qual a porcentagem da renda de uma família que deve ser poupada?

35% de sua **renda deve ser poupada**

35% para aplicações e outras formas de economia pode até parecer muito, mas isso é fundamental para que você tenha uma efetiva segurança financeira. Trace essa meta todos os meses e veja como suas economias podem começar a trabalhar por você (por meio de seus rendimentos mensais).

Como lidar com o endividamento? Passos:

1. Analise a causa do **endividamento**: planejamento é fundamental...
2. Renegocie dívidas...
3. Diminua custos e despesas
.Aluguel ou prestação do imóvel
.Despesas com saúde
.Contas fixas da casa
.Boletos ou faturas do cartão de credito
.Alimentação (inclusive delivery)
.Lazer
.Não deixe para fora gastos menores como telefonia celular, tv por assinatura e até aquele cafezinho na padaria ou o chopp com amigos.
.IPTU e IPVA (estes você soma o valor total e divide por 12 meses) para saber o custo mensal. O ideal é sempre pagar à vista.

Como economizar dinheiro: 5 dicas para Iniciar sua organização financeira!

Você sabe lidar com o seu dinheiro? Sabe quanto ganha, o quanto gasta e o quanto pode economizar por mês?

Se a sua resposta for "não" ou "mais ou menos", não tem problema. Nem todo mundo é ensinado a lidar com dinheiro e nunca é tarde demais para começar.

5

E te garanto, depois que você começar a se organizar financeiramente será mais fácil compreender como economizar seu dinheiro. Ou seja, se organizar financeiramente é o ponto de partida para começar a economizar dinheiro.

Vem comigo:

O que fazer?	Como fazer?
1. Conheça sua realidade financeira:	**Pergunte-se:** – Quanto você ganha? – Quais são suas necessidades financeiras? Qual a média dos seus gastos mensais? – Possui dívidas? Se sim, quais? – Quais são os seus objetivos financeiros?
2. Faça um controle financeiro:	O **controle financeiro pessoal** é **indispensável** para começar a economizar dinheiro. Ele pode ser feito por meio de aplicativos ou planilhas excel, caderninho de

anotações ... O que importa aqui é anotar todos seus gastos. Comprou uma bala? Anota

3. Divida suas despesas entre fixas e variáveis:

A diferença entre renda fixa e variável é: **Despesas fixas:** são despesas que não sofrem alteração no valor de um mês para o outro; (aluguel, aula de idiomas, psicólogo, por exemplo); **Despesas variáveis:** são despesas que variam de valor de mês a mês e requerem mais atenção (água, energia, alimentação, por exemplo)

4. Analise seus gastos:

Agora que você já sabe como está gastando seu dinheiro, **avalie para onde ele está indo** e identifique despesas desnecessárias.

5. Elimine gastos desnecessários:

Existem coisas que não são essenciais para o momento de vida que estamos vivendo e pro objetivo de vida que temos naquele período. Logo, **identifique gastos que podem ser cortados** ou diminuídos (planos de TV e streamings, por exemplo).

Outras dicas:

1. Troque juros altos por juros mais baixos

Os juros são um dos grandes vilões da economia pessoal de milhões de famílias brasileiras. Seja no cartão de crédito ou no cheque especial, eles acabam atrapalhando a organização financeira ao oferecerem um crédito facilitado, mas com custos altíssimos. Se você precisar de dinheiro, busque sempre por opções com juros baixos para economizar no valor total. Uma dica para conseguir linhas de crédito baratas é manter um bom relacionamento com o mercado, sempre pagando suas contas em dia e não deixando nenhuma dívida em aberto. Procure não gastar o que não tem. Às vezes te dão limites altos no cheque especial e no cartão de crédito. Isto não significa que você tenha este dinheiro para gastar! Cuidado! A conta sempre vem depois. Prefira pagar sempre à vista!

2. Crie metas para seus projetos para te motivar a economizar

Criar metas pessoais é um bom jeito de organizar suas finanças. Imagine como você gostaria de estar daqui a seis meses ou um ano, viagens que gostaria de fazer ou projetos nos quais gostaria de investir. Contar com uma meta concreta de algo que se deseja conquistar é uma ótima maneira de se manter motivado a economizar no dia a dia. Assim, você consegue visualizar o motivo do seu sacrifício lá na frente.

3. Converse com sua família sobre economizar

Se você é responsável financeiramente pela sua família, já sabe que de nada adianta criar um planejamento de economia se não houver a cooperação de todos. Por isso, antes de começar seu projeto de economia financeira, sente-se com sua família para explicar o que está fazendo, quais são os objetivos finais e qual a sua expectativa com o plano. Assim, você garante que todos estejam em sintonia e entendam qual papel precisam desempenhar para o sucesso do projeto.

4. Gaste menos do que você ganha

Para que no fim do mês sobre dinheiro para economizar, não há muito segredo: você deve gastar menos do que ganha. Isso pode parecer mais fácil de ser dito do que feito, mas essa é a regra básica da educação financeira e um tópico que não poderia deixar de abordar. Todas as minhas dicas até aqui e o

11

sucesso do passo a passo dependem, no fim, da sua capacidade de se organizar financeiramente para gastar menos do que ganha.

5. Crie uma reserva financeira

Para garantir uma maior segurança em sua vida financeira, é preciso manter uma constância no dinheiro economizado todos os meses. Evitando pular um mês ou guardar menos do que havia planejado. Depois de poupar esse dinheiro é importante que esse seja respeitado como reserva financeira. Isso significa que você não pode mexer nele para gastos supérfluos ou compras impulsivas, mas apenas para emergências. (tipo médicos, dentistas, consertos automóvel, manutenções emergenciais na residência).

6. Aprenda a usar uma planilha de gastos

Como mencionei, o sucesso do seu plano de economia depende da sua organização financeira. É importante ter um controle de todos os gastos, o que entra e o que sai, para conseguir visualizar em tempo real e mês a mês como você tem se organizado. Hoje, grande parte das pessoas se organiza por meio de uma planilha de controle de gastos. Ao utilizar uma planilha de controle, você conseguirá ver o quanto está gastando e com o que está gastando. Ao completar a semana ou o mês, você terá uma visão mais ampla dos seus hábitos de consumo, e perceberá se está priorizando seus gastos adequadamente. Se não estiver, você já vai saber exatamente o que deve deixar de comprar para aprender como economizar dinheiro.

7. Não deixe suas contas vencerem

Lembra quando falei dos juros? Eles incidem em grandes parcelamentos e financiamentos, mas também aparecem quando há atraso no pagamento das contas fixas, como água, energia e telefone. Para economizar dinheiro, nunca deixe que essas contas vençam, evitando gastar mais do que havia previsto. Além de juros as contas vencidas incidem multa o que aumenta ainda mais a sua despesa, com algo que não foi planejado.

8. Pague suas contas no mesmo dia

Outro jeito de se organizar financeiramente é dar prioridade para o pagamento das contas, assim que receber seu salário. Pague todas as suas contas logo no início do mês, para evitar atrasos ou juros e não correr o risco de acabar gastando o valor que já estava destinado a algum boleto.

9. Tente aumentar sua renda e economizar mais dinheiro

Para algumas pessoas, cortar gastos supérfluos não será suficiente para garantir uma "folga" no orçamento. Se você tiver enxugado suas finanças o máximo possível e, ainda assim, tem dificuldades em guardar dinheiro, esse talvez seja o seu caso. Assim, será preciso buscar fontes de renda extra ,para conseguir criar sua reserva financeira.

10. Aprenda a dizer "não" para economizar dinheiro

Para economizar dinheiro, é preciso ser disciplinado. Na prática, isso significa eliminar gastos de impulso e aprender a dizer não para você mesmo e para familiares, sempre que alguém quiser comprar algo que está fora do seu orçamento. Diga não também para eventuais convites cujo orçamento não possa atender. Não significa abdicar de sua vida social, mas de entender quando um evento foge da sua capacidade financeira – e que participar dele só servirá para se endividar. Os jovens por exemplo gostam de shows musicais de cantores de renome internacional e isto é um gasto muito alto. Tudo tem que ser conversado e planejado.

11. Invista seu dinheiro!

Até aqui você aprendeu a importância da organização financeira para começar a mapear seus gastos e começar a economizar seu dinheiro de forma inteligente. Daí surge a dúvida, onde guardar esse dinheiro?

1. O rendimento mensal da poupança é muito baixo, porém é o investimento mais seguro na minha opinião! E você saca na hora que precisar!

2. Seu dinheiro perde valor com a inflação; Não deixe ele parado em casa ou na conta corrente!

3. Existem tipos de investimentos financeiros que têm maior rendimento que a poupança. Porém tem vários descontos como IRPF e IOF. Tome cuidado, pois no fim rende até menos que a poupança. Quem ganha sempre são os bancos ,que te oferecem aplicações de longo prazo, para deixar o seu dinheiro bloqueado por um tempo!

4. Cuidado com Planos de Previdência. Você acaba investindo muitos anos e no fim o que recebe não

compensa. Analise bem antes de fazer.

5. O mesmo vale para Seguro de Vida. Você paga muito tempo e talvez se aplicasse este dinheiro para compra de algum imóvel, seria mais recomendado!

É possível economizar dinheiro mesmo ganhando pouco?

1. Compre à vista

Além de ser mais econômico, comprar à vista é também um excelente exercício para gastar menos dinheiro e aprender como economizar. Primeiro, você precisa juntar o dinheiro e, só depois, comprar o que precisa ou deseja.

Aproveite também para negociar, pois quem tem dinheiro para pagar à vista, tem mais poder durante a negociação.

Pense nisso!

2. Evite fazer compras desnecessárias

Tente resistir as compras fora do orçamento financeiro ou fora do planejado. Mesmo que a compra tenha um valor baixo, ela pode prejudicar seus objetivos de economizar dinheiro a longo prazo.

Quando a vontade de gastar dinheiro surgir, questione-se:

-Por que estou querendo comprar este produto?

-Será útil? Estou precisando?

-Vale a pena?

-Estou fazendo essa escolha por mim?

Faça escolhas conscientes e tome decisões que façam sentido para você e para seu objetivo de guardar dinheiro.

3. Pesquise antes de comprar para economizar ao máximo

Qualidade nem sempre está associada ao preço do produto. Lembre-se que é possível aprender como economizar, mesmo quando precisamos fazer uma compra. E que é possível encontrar alternativas muito boas e com preços bastante inferiores ou aproveitar promoções sazonais

17

para adquirir algo. Faça pesquisas em supermercados com listas de preços e divida a compra um pouco em cada lugar. Você irá economizar com toda certeza. Porém não ultrapasse a distância máxima de 5 km entre um estabelecimento e outro.

4.Fuja da tentação!

Uma ótima maneira de não "cair na tentação de comprar" algo que não foi planejado e te ajudar a juntar dinheiro é se atentar aos gatilhos que você recebe diariamente.

Como assim?

Aposto que você tem milhares de aplicativos de e-commerce no seu celular e seu e-mail está cadastrado para receber diversas notificações de lojas online. Aí, está o problema! Somos bombardeados diariamente com propagandas e oportunidades "imperdíveis" e se não tivermos controle emocional para lidar com isso, nos perdemos e acabamos comprometendo nosso planejamento   financeiro.

Então, nos casos citados acima você pode:

- Cancelar as inscrições de lojas que estão no seu e-mail;

- Excluir aplicativos de e-commerce do seu celular;

Depois que fizer isso, vai perceber o quanto fica mais fácil economizar dinheiro!

5. Evite usar o cartão de crédito

Muitas vezes gastamos dinheiro só porque temos limite no cartão, não é? Porque é mais prático e o número do nosso cartão já está cadastrado.

Não caia nessa!

Para economizar dinheiro sem ter gastos não planejados é importante não comprarmos as coisas por impulso e para isso precisamos criar barreiras na hora de executar o pagamento.

Neste caso você pode:

- Retirar os dados do seu cartão das plataformas digitais;

- Ajustar o limite do seu cartão de crédito;

- E, desativar a opção "compre com um clique", dos e-commerce.

- Evitar de ter mais do que um cartão de crédito! Se receber outro cartão cancele! Fique com apenas um cartão!

6. Evite comer fora e pedir comida com frequência

Precisamos ter cuidado, com a quantidade de dinheiro, que utilizamos quando pedimos comida ou jantamos fora de casa. Geralmente esses são fatores, que impactam diretamente no planejamento financeiro de quem quer economizar dinheiro. Se você não consegue almoçar em casa por conta do trabalho, tudo bem, mas procure fazer os lanches matinais e vespertinos ou jantares na sua própria casa.

Além de ser mais saudável, será bem mais barato.

Se existir a possibilidade de levar seu almoço para o serviço, vale a pena adquirir esse hábito, pois essa é uma boa maneira de economizar dinheiro.

E, nada melhor que uma comidinha caseira, não é?

Outra armadilha que pode nos tentar a gastar dinheiro são os famosos aplicativos de comida! Você olha o celular e lá tem uma mensagem: "Bateu aquela fome? Toma um cupom aqui!"

Assim fica difícil resistir, não é?

E de cupom em cupom a gente gasta mais dinheiro do que o nosso orçamento comporta. Mas não se preocupe porque existem algumas maneiras de fugir dessas situações: São elas:

• Separar dias específicos do mês para pedir algo e reservar uma quantia de dinheiro para isso;

• Desativar as notificações dos aplicativos de comida do seu celular;

- Ou, até mesmo, desinstalar o aplicativo do celular e só fazer seus pedidos pelo computador ou via browser.

Não é necessário você se privar de sair de casa ou de pedir uma comidinha quando der vontade ou tiver desejos! Se organize de acordo com a sua realidade financeira e de um modo que te ajude a guardar dinheiro.

7. Conseguiu um dinheiro extra no mês? Economize!

Um risco que muita gente corre é o de conseguir um dinheiro extra no mês, mas não ter a disciplina de investir em uma boa aplicação financeira. Como diz um velho ditado, "dinheiro na mão é vendaval". Portanto, não perca o foco. Invista o dinheiro extra que você conseguir para alcançar seus objetivos maiores. Siga firme no seu planejamento financeiro e não se renda ao consumo não planejado.

Como vimos até aqui, aprender a como economizar dinheiro não é uma tarefa simples e requer organização e disciplina, mas com determinação tudo é possível.

No início esse processo pode parecer complexo, porém com o tempo você vai se adaptando e poupar dinheiro torna-se rotina.

Um último recado importante: valorize seu dinheiro! Afinal, só você sabe o quão difícil foi conquistá-lo, certo?

Como usar o cartão de crédito a seu favor de forma inteligente?

1. Fique atento à data de vencimento. ...
2. Faça um bom controle dos **seus** gastos. ...
3. Negocie a anuidade. ...
4. Aproveite os benefícios oferecidos. ...
5. Faça as compras após o fechamento da fatura. ...
6. Defina um limite pessoal para compras. ...
7. Evite emprestar o **seu Cartão**.

-Tenha um planejamento financeiro estruturado.

-Mantenha o controle de todos os seus gastos.

-Prefira as compras em dinheiro e à vista

-Fuja dos gastos desnecessários.

-Calcule o valor total de quanto você está devendo e quite as suas dívidas

A principal razão para o **endividamento** é bem óbvia quando a gente pensa no assunto: o desemprego. **Se as pessoas** não estão empregadas, não recebem salário. **Se** não tem dinheiro, não dá para pagar as contas, não é mesmo?

Mapeie todas as suas dívidas. Quando se está **endividado**, o primeiro passo para sair do vermelho é ter consciência do tamanho do problema. Portanto, liste todas as suas dívidas — atrasadas ou não. Por exemplo, parcelas nos cartões de crédito, prestações de financiamentos e empréstimos, carnês de lojas e contas da casa.

O que fazer quando se está muito endividado?

1. Procure anotar todas as suas pendências financeiras;
2. Consulte a situação do seu CPF, para verificar se está com o nome sujo ou não;
3. Entenda como está a situação atual das suas receitas e despesas;
4. Economize seu dinheiro, definindo metas;
5. Renegocie suas dívidas;

Como não se endividar no cartão de crédito?

Evite o rotativo. O pagamento mínimo é um dos grandes culpados na hora do cliente **se endividar** com o **cartão de crédito**. Caso sua fatura esteja alta, procure analisar qual a melhor alternativa: pagar o mínimo ou parcelar a fatura. Verifique as taxas de juros e custo efetivo total de cada opção antes de definir.

Dicas para compras:

Quando for comprar alguma coisa, pesquise ao máximo os preços e as condições disponíveis. Muitos sites fazem comparação de valores e sugerem marcas alternativas mais em conta. Existem ainda várias opções de empresas que oferecem cashback e sempre opte pelo desconto do pagamento à vista. Por fim, verifique a real necessidade de adquirir aquele bem, e fuja da ilusão do "comprei porque estava barato" ou, ainda, "comprei porque eu mereço". **O que todos merecem mesmo é uma vida sem preocupações.**

Fique de olho! Se você tem dívidas, o total também deve ir para a planilha, assim como os juros e as taxas incidentes. Procure, então, renegociar o valor ou, então, opções de financiamento com custo efetivo menor que o atual. O importante é encontrar uma solução que caiba no seu bolso, negociando diretamente com o credor ou em "feirões limpa nome".

Para não fazer mais dívidas...

• Fuja do cheque especial e evite acumular compras no cartão de crédito. Eles cobram os juros mais caros, que podem virar uma bola de neve;
• Tome cuidado para não comprar por impulso (sempre que for ao mercado, por exemplo, leve uma lista com os itens essenciais);
• Saia das listas de e-mail de e-commerce e lojas no geral! Para que passar vontade?
• Delete os aplicativos de compra do celular – isso vai evitar aquela recaída num momento de tédio;
• Se for possível, diminua o limite do cartão de crédito.
• Não tenha vários cartões. Tenha apenas um cartão!

Método 50-30-20

Existe uma metodologia para economizar dinheiro que "espreme de leve" o seu orçamento, como é o caso da técnica 50-

26

30-20. A fórmula divide os custos fixos e variáveis em três categorias. É só seguir a regra:

- Reserve 50% para gastos essenciais (alimentação, transporte, saúde, moradia etc.);
- Separe 30% para gastos variáveis, supérfluos, de lazer e estilo de vida (o que inclui viagens, roupas, cuidados pessoais, como unha e cabelo e passeios);
- Guarde 20% para poupar e investir (é com esse valor que você vai pagar dívidas, criar uma reserva de emergência, aplicar e investir a longo prazo).

Desafio das 52 semanas

Outra idéia para quem quer economizar, mesmo ganhando pouco, é o desafio das 52 semanas. Ele consiste em começar guardando uma quantia bem pequena e aumentar progressivamente esse valor semanalmente. Você pode começar separando R$ 1. Na semana seguinte, guarde R$ 2. Na terceira semana, R$ 3. E assim por diante. Ao final de um ano (52 semanas), você terá poupado R$ 1.378,00.

Com essa idéia em mente, basta adaptar os valores de R$ 1, R$ 2 ou R$ 3 à sua realidade e manter o foco durante todo o ano.

Um bom planejamento financeiro é realizado levando em consideração os 3 pilares de segurança financeira:

1. A segurança financeira básica, que se refere a capacidade de garantir o pagamento das despesas básicas, que têm a ver com a sobrevivência e um padrão mínimo de qualidade de vida, como a alimentação, a moradia, a educação, a saúde e o lazer;
2. Proteção contra imprevistos: Para estar protegido na ocorrência de alguma emergência. Garantindo, assim, fundos para o pagamento de despesas inesperadas sem a criação de dívidas;
3. Estabilidade: que tem a ver com conseguir poupar dinheiro, para que no futuro, após a aposentadoria, você e sua família consigam manter o padrão de vida.

Uma dica para que você consiga fazer um planejamento financeiro estruturado eficiente é contar com o apoio de todos os membros da família. Para que juntos consigam mapear e planejar todas as despesas da casa.

Prefira as compras em dinheiro e à vista!

Uma das formas mais inteligentes de escapar definitivamente das dívidas é, sempre que possível, fazer as suas compras à vista. E, de preferência fazendo o pagamento em dinheiro.O principal fator de endividamento da maioria das pessoas que estão inadimplentes, é decorrente de parcelamentos. Principalmente com **cartões de crédito** ou crediários de compra. Por isso, evitá-los é uma ótima estratégia.

Dívidas parceladas possuem taxas de juros altíssimas, o que dificulta ainda mais o pagamento das mesmas. Por isso fuja delas! Outro fator a favor das compras realizadas com dinheiro vivo, é que diferente das compras no cartão, comprando desta forma você consegue sentir o impacto financeiro no seu orçamento no momento exato em que está comprando, diferente do cartão, quando você só sente esse impacto lá na frente, quando chega a fatura.

Desta forma, ao gastar dinheiro vivo, a tendência é que você se policie melhor e evite os gastos desnecessários com mais facilidade. Além disso, grande parte dos estabelecimentos comerciais **oferecem**

descontos que costumam ser bem altos para quem prefere pagar à vista e em dinheiro.

Assim, além de escapar das dívidas relacionadas aos parcelamentos, você consegue também economizar bastante ao optar pelo pagamento de suas contas realizado desta forma.

Uma boa alternativa para evitar as compras no cartão de crédito, é criar uma rotina semanal de realização de saques em dinheiro, e fazer uso apenas da quantia sacada para ser usada naquela semana.

Gastos desnecessários:

Um dos melhores jeitos de proteger o seu bolso das dívidas é evitar os gastos desnecessários e as pequenas despesas que você pode até considerar bobas, mas que no final, podem prejudicar muito o seu orçamento.

Além disso, depois de ter realizado o seu orçamento detalhado, analise-o cuidadosamente, e tente descobrir quais gastos ali podem e devem ser cortados. Gastos supérfluos, como compras desnecessárias, jantares fora em restaurantes caros, entre outros exemplos de **gastos relacionados ao estilo de vida** não compatível a sua renda, não só podem, como devem ser diminuídos, e, dependendo de como anda a saúde da sua vida financeira, serem até eliminados, caso seja necessário. Até aquele cafezinho na padaria e o chopp com amigos deve ser controlado e colocado na sua despesa.

Como disse anteriormente, é bom que você saiba exatamente como o seu dinheiro vem sendo gasto, e, depois de ter essa noção exata, o ideal é que você faça os ajustes necessários nos seus gastos, e só mantenha aqueles que realmente sejam necessários.

Calcule o valor total de quanto você está devendo e quite as suas dívidas!

Caso você já tenha algumas dívidas acumuladas, e precise quitá-las para sair do vermelho, o primeiro passo que você deve dar, é o de não fazer mais nenhuma dívida no momento, ou seja, pelo menos até sair do vermelho, não se endivide novamente.

O segundo passo é calcular o valor exato de quanto você está devendo neste momento, principalmente se você estiver devendo para mais de um credor. Afinal de contas, para poder fazer o pagamento de todas as suas dívidas, a primeira coisa que você deve saber é o quanto exatamente você está devendo, não é mesmo?

E se as dívidas já se acumularam, é necessário que você trace algumas estratégias para conseguir quitá-las o mais rápido possível, ou cada vez mais o seu endividamento será maior.

Depois de organizar suas pendências, colocando na ponta do lápis o total de tudo que você deve, descida como vai começar a pagá-las separando de acordo com a prioridade de cada uma delas.

As pendências mais antigas, são as que mais têm prioridade no pagamento, já que os juros estão se acumulando no decorrer do tempo, e pode ficar cada vez mais difícil realizar o pagamento, quanto mais você demorar.

As despesas básicas, como as contas de água, luz , telefone, IPTU e IPVA não devem ficar pendentes, quite essas pendências, caso existam, da forma mais rápida possível.

Se está pensando em solicitar um empréstimo para pagar seus credores, pense bem essa estratégia, já que você estará criando mais um endividamento para sanar o primeiro. E fuja de agiotas pois ai que você irá afundar mais caso não tenha como pagar.

Antes de apelar para um empréstimo, tente renegociar suas dívidas com seus credores. Seja inteligente para quitar suas dívidas, e se possível, evite parcelamentos, é bem provável conseguir descontos altos se, ao negociar com o credor, você oferecer a possibilidade de pagar tudo que está devendo de uma vez só.

Estou desesperado não consigo pagar minhas dívidas?

Troque **dívidas** mais caras por **dívidas** mais baratas. Você também pode procurar outros bancos para fazer a portabilidade de sua **dívida**, ou seja, a troca. Muitos bancos aceitam quitar a sua **dívida** e abrir com eles outra, com juros menores e prazos maiores, o que, com certeza, é uma ótima opção

Como dar a volta por cima na vida financeira?

Pague a maior parte da dívida possível para demonstrar à instituição financeira seu empenho no sentido de resolver o problema. Para isso, procure vender alguma coisa que tenha valor ou peça ajuda da família, se possível. Negocie um bom desconto com os credores para liquidar as dívidas.

O ideal é que você consiga mobilizar toda o grupo familiar em busca de uma vida financeira cheia de saúde e livre das dívidas. Para isso, separei as seguintes dicas para você:

• Em primeiro lugar, todos os integrantes da família devem estar cientes de qual é a realidade das finanças da casa, além disso todos devem se envolver e trabalhar, praticando esforços conjuntos para construir e estruturar o orçamento detalhado das contas da casa;

• Uma boa idéia para envolver as crianças nas atividades relacionadas ao orçamento da casa, é no planejamento de ganhos e de despesas, usando para isso a organização de passeios e viagens com antecedência, estimulando-os a participar e premiando-os com algo agradável no final;

• Envolva as crianças também dentro de todas as atividades relacionadas as finanças e contas da casa, para que elas possam desde cedo aprender a lidar com o dinheiro e a fazer economia e a escapar das dívidas.

Pesquisar!

Outra dica importante para evitar que as dívidas se acumulem é a de pesquisar bastante antes de realizar a compra de qualquer bem, escolhendo com cuidado a melhor relação de custo benefício entre o preço e a qualidade do produto.

Nem sempre comprar o mais barato é uma questão de economia, já que o valor do produto deve ser considerado também em relação a sua qualidade. Muitas vezes investir em um bem mais caro, pode significar na verdade, economia, já que o produto não vai precisar ser substituído rapidamente.

De toda forma, pesquisar os preços para escolher a melhor opção de compra é importante. Hoje em dia, inclusive, você nem precisa passar horas andando de loja em loja para pesquisar os preços dos produtos. Aproveite a tecnologia, e pesquise através da internet. Assim, sem sair de casa, você pode escolher os melhores preços do que pretende comprar, gastando menos e se prevenindo do acúmulo de dívidas.

Defina quais são os objetivos e metas financeiras da sua vida!

Para que as dívidas não se acumulem, também é muito importante traçar seus objetivos e metas de vida, para saber como e quando investir o seu dinheiro.

Em primeiro lugar, como já disse, é necessário estruturar seu planejamento financeiro e ter um orçamento detalhado para ter o panorama exato da sua situação financeira atual.

Depois, você pode definir quais são os objetivos e metas de vida mais importantes e assim planejar a sua vida financeira de modo a atingi-los. No curto prazo, você deve priorizar a quitação de suas dívidas, principalmente as de juros altos, como cartões de crédito e **cheque especial,** se for o caso.

Depois, deve pensar nas necessidades imediatas, como uma pequena reforma em casa, por exemplo.

Após alcançar essas metas, pode traçar objetivos maiores, sem se preocupar com dívidas. No médio prazo, preocupe-se com metas maiores, que irão exigir um pouco mais de investimento financeiro, que podem ser conquistados em até 12 meses.

No longo prazo ficam os desejos considerados maiores, que exigem um período de tempo superior a 1 ano e um planejamento maior para serem conquistados.

Para alcançá-los, coloque no papel em quanto tempo você gostaria de atingir esses objetivos, e quanto em dinheiro será necessário poupar por mês para chegar até lá.

Planejar para se comprar algo!

Darei agora um exemplo de **planejamento de uma viagem**, mas o mesmo raciocínio e a mesma base de cálculos, pode ser usado para poupar para realizar qualquer outro sonho sem contrair dívidas. Veja como:

Em primeiro lugar, programe-se. A viagem dos seus sonhos vai ser muito melhor aproveitada caso você planeje e se programe com antecedência. Vamos supor que seu objetivo é uma viagem de férias, que deve ser realizada dentro de 1 ano, cujo valor total é de R$ 2.400,00 reais.

Para viajar, você vai precisar economizar R$ 200,00 reais a cada mês. Se fosse parcelar, o valor total seria R$ 3.000,00,

37

mas pagando à vista, o valor é de R$ 2,400,00. Como já disse antes, pagar à vista é uma vantagem. Com o pagamento à vista, além do desconto de R$ 600,00 reais, você economiza mais R$ 150,00 reais referentes aos juros da aplicação durante os 12 meses. Esse valor economizado, pode ser usado para despesas durante a viagem, como a alimentação. Procure viajar na baixa temporada!

Se recorrer a um financiamento, a situação é pior ainda. Espere e pague à vista. Isto vale para compra de carros e imóveis também! Mas outra dica. Se você mora em um imóvel alugado! Fuja do aluguel. Este dinheiro que você paga pode ser utilizado para fazer um financiamento de um imóvel, desde que este imóvel já esteja pronto para você morar.

Viva um estilo de vida adequado ao seu faturamento, e evite as dívidas por buscar o consumo de coisas que estão fora da sua realidade financeira!

Como organizar a vida financeira e sair do vermelho?

1.   – Foco na Calculadora: Qual é o Valor Total Das **Dívidas**. ...
2.   – Tente renegociar o Maior Número de **Dívidas** Possível. ...

3.	– Venda o que puder para pagar suas **Dívidas**. ...
4.	– Consiga uma renda extra. ...
5.	– Corte Despesas Desnecessárias!

Quem pode me ajudar a pagar minhas dívidas?

A resposta é simples: se não tiver alguém que possa emprestar o dinheiro, a melhor alternativa é recorrer ao seu banco e negociar um empréstimo pessoal ou consignado, com juros menores, e trocar a **dívida** cara por outra mais barata.

Como sair do vermelho em tempos de crise?

Dicas fundamentais sobre como sair do vermelho

1.	Fortaleça o hábito de registrar tudo.
2.	Abra mão do consumo por um **tempo**. ...
3.	Renegocie suas dívidas. ...
4.	Venda itens velhos e usados. ...
5.	Compre sempre à vista. ...
6.	Pague as dívidas com juros mais altos primeiro. ...
7.	Converse e se comprometa com alguém de confiança. ...

8. Seja um freelancer, ou seja trabalhe por serviços realizados, como autônomo, além do emprego que você já tem.

DICAS RÁPIDAS PARA ECONOMIZAR

COMO FAZER

1. Conheça sua realidade financeira

O primeiro passo para economizar é ter total consciência da sua situação financeira atual.

2. Utilize um bom app de controle financeiro

Com ajuda de um gerenciador financeiro, controle a entrada e saída do seu dinheiro.

3. Conheça suas despesas fixas e variáveis

Entenda qual o impacto das suas despesas fixas e variáveis no seu orçamento.

4. Analise seus gastos

Verifique se está gastando mais do que deveria na categoria de gastos não essenciais.

5. Corte despesas desnecessárias

Agora que já sabe onde está gastando mais do que deveria, reduza ou corte o que for possível.

6. Faça você mesmo

Ao invés de comprar tudo que deseja, tente fazer mesmo aquilo que conseguir.

7. Gaste menos com delivery

Cuidado para não exagerar e acabar gastando mais do que o planejado com esse tipo de despesa.

8. Economize água

Controle seu consumo de água para não ter surpresas na conta e ainda preservar esse recurso.

9. Gaste menos energia

Mantenha a atenção para não deixar luzes acesas ou eletrodomésticos na tomada sem necessidade.

10. Troque planos de internet e TV

Se você não utiliza tudo que é disponibilizado em seus planos e assinaturas, troque por outro mais barato.

11. Utilize menos serviços de transporte privado

Troque o transporte privado por uma ida a pé ao trabalho ou de bicicleta, por exemplo.

12. A economia é maior se você não comprar nada

Se quer economizar, evite ao máximo comprar aquilo que não é essencial.

13. Leve marmitas para o trabalho

Levar marmitas para o trabalho pode ser um caminho para uma vida mais saudável.

14. Cuidado com os pequenos gastos

Um gasto de R$5 aqui, outro de R$ 20 ali, pode te fazer extrapolar orçamento.

15. Aprenda a dizer não

Ao conhecer suas necessidades fica bem mais fácil dizer não ao que não precisa.

16. Utilize menos o cartão de crédito

Fique atento às altas taxas de juros do cartão e as compras parceladas.

17. Compre sempre à vista

O desconto em compras à vista pode ser muito vantajoso.

18. Pague suas contas em dia

Pagar contas em dia evita ter que arcar com multas e taxas por atraso.

19. Cuidado com as compras por impulso

Acompanhe sempre o seu planejamento para não fugir dos gastos planejados.

20. Doe o que não usa mais

Ao fazer isso você consegue ver o que de fato precisa.

21. Compare preços em sites de busca

Fazer pesquisas de preço é essencial para economizar nas compras.

22. Encontre ofertas pela Internet, mas não se empolgue muito!

Grande ferramenta para você pesquisar preços! Mas compre o necessário!

23. Faça lista de compras

Fazer listas vai te guiar em suas compras.

24. Peça indicações	Pedir indicações te ajuda a fazer escolhas com o melhor custo-benefício.
25. Reputações	Veja fórum de compras online e reputações de produtos pela internet, você vai conhecer a opinião de outros consumidores.
26. WhatsApp	Cadastre o WhatsApp de diversos locais (estabelecimentos comerciais), onde você poderá consultar preços sem sair de casa!

27. Cuponeria	Nesse site você encontra diversos cupons de descontos para fazer compras pela internet.
28. Verifique o que está faltando	Antes de comprar, veja se realmente precisa ou se já possui o item em casa.
29. Utilize um app de lista de compras	Para te ajudar com suas listas, existem diversos apps de lista de compras.
30. Evite ir ao supermercado com fome	Ir ao supermercado com fome, faz com que compre itens fora da sua lista para se satisfazer naquele momento.
31. Acompanhe as promoções	Uma das melhores formas de economizar em compras é aproveitar as promoções.

32. Experimente marcas alternativas

Nem sempre o mais caro é melhor, por isso, verifique a qualidade de marcas alternativas.

33. Planeje-se com antecedência em viagens

Antes de viajar, por exemplo, planeje-se antecipadamente para conseguir as melhores ofertas.

34. Defina metas de viagem

É fundamental estipular um teto de gastos também em suas viagens.

35. Opte por épocas de baixa temporada ao viajar

Na alta temporada o preço das passagens, hospedagem, passeios etc., geralmente é mais caro.

36. Monte um plano financeiro

Planejar a vida financeira é essencial independente do seu objetivo.

37. Mantenha a disciplina

Utilize sua renda com base no seu plano financeiro.

38. Utilize programas de pontos e milhas em suas viagens

Com milhas e pontos, menos dinheiro sai do seu bolso.

39. Foque nos pequenos prazeres

Até mesmo um passeio simples ao ar livre é prazeroso e não pesa no seu bolso.

40. Leia mais	Busque livros que te ajudem a otimizar sua renda, além de contribuir com seu bem-estar.
41. Invista em um _hobby_ que gere renda	Para otimizar sua renda, é importante também ganhar mais.
42. Dê preferência ao dinheiro em papel	O cartão pode se tornar vilão das suas finanças, então, dê preferência ao dinheiro em papel.
43. Compre o "genérico" se achar válido	Muitas vezes, o produto "original" é basicamente o mais famoso e mais caro.
44. Adie compras grandes	Sempre é bom repensar se uma compra vale realmente a pena.

Conclusões finais:

E para finalizar, a minha sugestão é : NÃO DESANIME! Por pior que esteja a sua situação financeira, tenha fé em DEUS , pois você irá sair desta! Siga passo a passo as orientações que te passei neste livro, e espero poder te ajudar a iluminar a sua mente e a de sua família , para trilharem a melhor solução para um futuro cada vez melhor! Foque sempre uma meta e você chegará lá! NÃO DESANIME! A vida é feita de alegrias e tristezas, porém devemos sempre nos organizar para sermos felizes e dormir com a consciência tranqüila! Isto que importa!

DÍVIDAS ???JAMAIS!
Nunca gaste mais do que você ganha!

BOA SORTE!
Ronaldo Nasr Tabet